Ricky Roogle

Crewmate Notizbuch

KEIN OFFIZIELLES INNERSLOTH-PRODUKT. NICHT VON INNERSLOTH GENEHMIGT ODER MIT INNERSLOTH VERBUNDEN.

Bibliografische Information der Deutschen Nationalbibliothek:

Die Deutsche Nationalbibliothek verzeichnet diese Publikation in der Deutschen Nationalbibliografie; detaillierte bibliografische Daten sind im Internet über http://dnb.dnb.de abrufbar.

© 2021 Ricky Roogle; 1. Auflage

Covergrafik, Texte & Illustrationen © 2021 Ricky Roogle

Kontakt Autor: ricky.roogle@t-online.de

Herstellung und Verlag: BoD – Books on Demand, Norderstedt

ISBN: **9783752641950**

Das SUPER AUSMALBUCH für Ameng.us Fans

Das CREWMATES AUSMALBUCH für Ameng.us Fans

Das SUPER LABYRINTHE BUCH für Ameng.us Fans

PASSWORT LOGBUCH für Ameng.us Fans

Das MATHE AUSMALBUCH für Ameng.us Fans

WIE MAN SKINS ZEICHNET für Ameng.us Fans

Das WORTSUCHRÄTSEL BUCH für Ameng.us Fans

Das SUPER QUIZBUCH für Ameng.us Fans

CARTOONS und WITZE für Ameng.us Fans

WTF!

Notizbuch

Crewmate Notizbuch

Impostor Notizbuch